Hilde Bauer

Begegnungen im Hospiz

2. erweiterte Auflage
München 2007

Liebe Leserin, lieber Leser,

die Konfrontation mit der Erkrankung Krebs lässt alltägliche Dinge für Betroffene, Angehörige und professionelle Helferinnen und Helfer zurücktreten, besonders wenn klar wird, dass eine Heilung nicht mehr zu erwarten und das Leben mit der Erkrankung schwer ist. Aber gerade in der letzten Phase der Erkrankung erleben Menschen mit Krebs Begegnungen und Begebenheiten besonders intensiv. Diese Feststellung hat Frau Hilde Bauer bei ihren Besuchen im Johannes-Hospiz des Krankenhauses Barmherzige Brüder und auf der Palliativstation der Kreisklinik Fürstenfeldbruck gemacht. Durch ihr Musizieren macht sie anderen Menschen eine große Freude und geht selbst getröstet wieder nach Hause. Als Frau Bauer mit ihren Texten zu mir kam, war ich sehr bewegt. Wir überlegten dann gemeinsam, wie wir diese Erlebnisse einem größeren Kreis zur Verfügung stellen könnten. Heraus kam dieses Büchlein, das Sie gerade in der zweiten und erweiterten Auflage in den Händen halten. Wir wünschen Ihnen damit viel Freude und Trost. Im Namen von Frau Bauer möchte ich allen danken, die am Zustandekommen des Buches mitgewirkt haben.

Besonders danken möchte ich den Käuferinnen und Käufern des Buches. Der Erlös ist für die Selbsthilfegruppenarbeit bestimmt. Derzeit sind der Bayerischen Krebsgesellschaft e.V. 166 Selbsthilfegruppen angeschlossen. In diesen Gruppen werden über 5000 Menschen mit Krebs und deren Angehörige betreut. Die Leiterinnen und Leiter oder Leitungsteams in den Selbsthilfegruppen tragen große Verantwortung. Aus meiner Sicht sind sie besondere Menschen mit der großen Gabe, anderen zu helfen. Eine davon ist Frau Hilde Bauer.

Claudia Zimmermann
Geschäftsführerin der Bayerischen Krebsgesellschaft e.V.

Vorwort	11
Palliativmedizin und Hospiz	15
Erinnerung an Oma	19
O Tannenbaum – im Sommer	21
Der Hospizhund	23
Das Abschiedsgeschenk	25
Der Chor	27
Der große Zapfenstreich	29
Die Leih-Hand	31
Nadine	33
Sauerstoff	35
Die Himmels- oder Jakobsleiter	37
Sabine	39
Die Stummen	41
Rudi	43
Peter	45
Die Mami mit den Winzlingen	47
Der Handkuß	49
Das Konzert	51
Eine ganz besondere Begegnung	53
Die Tochter	55
Die geschenkten Noten	57
Die Mundharmonika	59
E-Piano oder Keyboard	61
Begegnung mit Sarah	63

Querflöte... 65
Geburtstag 67
Oma – das lebenslange Schutzengerl 69
Kommen und Gehen 71
Trauerarbeit 73
Es waren zwei Königskinder 75
Das alte Klavier 77
Wo Worte fehlen 79
Die Weihnachtskiste 81
Wien, Wien nur du allein 83
Trauriger Rest im Kofferraum 85
Das Gefäß oder der schöne Krug 87
Das Engerl oder die kleine starke Frau 89
Wie gebadet heute 91
Hänschen klein, Alle meine Entchen 93
Das Bohnenspiel 95
Das kleine Gotteshaus 97
Letzte Tränen 99
Der letzte Brief 101
Das erste und das letzte Lied 103
Engelflügel 105
Ich bin 106
Danksagung 108
Bayerische Krebsgesellschaft e.V. 109

Vorwort

Meine Gedanken

Ganz ruhig und nichts ahnend saß ich am Klavier und spielte. Bei vertrauten Melodien schweiften meine Gedanken weit ab, obwohl ich nur nach Noten spielen konnte. Die alten Finger gehorchten wieder und die Freude an der Musik nahm einen breiten Raum in meiner Seele ein.
In der frühen Kindheit an der Seite eines allzu strengen und ungerechten Vaters bekam ich Klavierunterricht, musste mit eiserner Disziplin regelmäßig üben. Bei kleinen Übertretungen setzte es Verbote, Schläge und viele Lieblosigkeiten, die meine kleine Kinderseele immer wieder sehr verletzten. Nie durfte ich spielen, was mir selbst Spaß gemacht hätte, meist waren es trockene Fingerübungen, die ich wieder und wieder absolvieren musste.
Mein ganzes Herz gehörte der liebevollen Oma. Diese einfache Frau hatte in der Familie nichts zu sagen, in Fragen der Kindererziehung schon gleich gar nicht. Sie sprach meinen Vater noch mit „Sie" an. Trotzdem wuchs als stilles Geheimnis zwischen der heiß geliebten Oma und mir ein starkes Band der Liebe und Geborgenheit. Heimliche seelische und körperliche Streicheleinheiten stärkten im Laufe der Jahre mein kindliches Selbstvertrauen und ließen aus mir eine selbstbewusste Person werden, die mit zwei Beinen fest auf der Erde steht.
Krieg, Hunger, der Verlust des Elternhauses, die Ängste und Unsicherheiten der damaligen Zeit – eigentlich alles, was Millionen von Zeitgenossen auch durchzustehen hatten – konnten meinen Optimismus und den angeborenen Frohsinn nicht brechen. Dieses wichtige Fundament für das Leben verdankte ich einer liebevollen Oma, mit einer Riesenportion Herzenswärme. Hier war ein Gleis gelegt worden, auf dem man

in ein eigenes Leben fahren konnte, ohne gleich zu scheitern. Vater und Mutter waren schon längst gestorben, aber Oma ist noch immer allgegenwärtig in meinem Kopf.

Beruf, Ehe, gesunde Kinder, diverse Sorgen und viele Wünsche säumten meinen Lebensweg. Auch Krisen, Zweifel und zerplatzte Träume. Als notwendiges Ventil gab es viel Sport, Freude an der Familie, Natur, Freunde und – fast wie selbstverständlich – eine stabile Gesundheit.
Etwas ganz Wichtiges gab es allerdings nicht: ein Klavier. Es fehlte das Geld, der Platz, die Zeit und die Gelegenheit. Doch der Wunsch danach blieb mein Leben lang bestehen. Ob wohl die Finger noch gehorchen würden, wenn...? Ob wohl der Kopf noch Befehle annehmen kann, die dann auf die Finger übertragen werden sollen? Diese sorgenvollen Zweifel und der Wunsch nach einem Klavier begleiteten mich über Jahrzehnte. Eine geheimnisvolle Vorfreude und Hoffnung auf ein Stückchen zurückgeholte Kindheit ergriffen mich.

Ich war inzwischen 60 Jahre alt geworden, die Kinder waren aus dem Haus und mich selbst haben sie zur Oma befördert. Ein kleines Keyboard war schnell besorgt und die Hoffnung auf einen Rest kindlicher Fingerfertigkeit war riesengroß. Und dann war es endlich soweit! Die Freude war überwältigend. Der alte Kopf und die alten Finger waren bereit und in der Lage zu zeigen, was nach Jahrzehnten noch übrig geblieben war von einer harten Schule im Kindesalter. Das kleine Instrument konnte ich bald austauschen gegen ein normales Klavier, auf dem sich meine beiden Hände in der gesamten Oktavenzahl austoben durften. Wie lange hatte ich auf diese Bewährungsprobe warten müssen! Und noch einmal schweiften meine Gedanken zurück in die Vergangenheit.
Eine schwere Krebserkrankung mit Operationen, Chemotherapie und Strahlenbehandlungen unterbrach jäh meine Lebens-

freude, doch der Wille, für ein Weiterleben zu kämpfen, war stark und unbeugsam. In vielen schweren Stunden war die zärtliche Oma aus meinen Kindertagen in meinem Herzen präsent – vielleicht hat sie mir sogar geholfen. Langsam kehrten die Kraft und auch die Hoffnung auf Lebensfreude in meinen geschundenen Körper zurück. Das Klavier war ein Quell heilender Medizin und außerdem ein Ventil für Zweifel, schwarze Gedanken und Traurigkeit.

In einer onkologischen Nachsorgeklinik durfte ich auf dem hauseigenen Klavier mir selbst und vielen Mitpatienten mit Musik immer wieder ein paar Stunden Freude und Vergessen schenken. Ein gütiges Geschick sorgte dafür, dass mein Verstand nach den Vollnarkosen keine schwerwiegenden Einbußen zeigte, meine Fingerfertigkeit erhalten blieb und eine schier unbändige Lust und Freude am Weiter- und Überleben wachsen wollte. Ich spürte täglich eine tiefe Dankbarkeit. Das Vertrauen in die Selbstheilungskräfte, von denen so oft zu lesen und zu hören ist und die es nirgendwo auf der Welt zu kaufen gibt, wuchsen ständig.

Mit über 70 Jahren übernahm ich die Leitung einer Selbsthilfegruppe für Krebskranke. Eines Tages wollte ich in einem Hospiz einen Blumengruß abgeben. Die Patientin wollte keinen Besuch, das musste ich respektieren. Aber ich wollte ihr dennoch mit einem besonderen Blumenstrauß eine Freude bereiten. Eigentlich wollte ich ihr bereits eine Woche zuvor die Blumen bringen, doch meine eigene Erkrankung ließ das nicht zu. Leider kam ich zu spät: Die Patientin war tags zuvor beerdigt worden! Diese Nachricht traf mich wie ein Blitz. Warum war ich nicht ein paar Tage früher dorthin gegangen? Mit meiner Traurigkeit und meinen Selbstvorwürfen bin ich dort weinend zusammengebrochen – und dann durfte ich etwas ganz Einmaliges erleben: Wildfremde Menschen nahmen mich in den Arm, brachten mir Taschentücher, trockneten mir die Tränen und putzten mir die Nase. Sie blieben so selbstverständlich an meiner Seite, bis ich

mich wieder beruhigt hatte. Meine duftenden Blumen wollten sie in einer Stunde in die Kapelle stellen, damit alle Patienten ihre Freude daran hätten. Diese lieben Menschen luden mich zu ihrer Andacht ein, und ich fühlte mich getragen und geborgen. Nach einer Stunde ging ich dorthin und wurde erneut liebevoll begleitet. Die Kapelle war voller Patienten und Angehörige. Es war sehr feierlich – und meine Blumen standen auf dem Altar. Ein Klavier wurde leise vor die Eingangstür geschoben und eine zarte Frau begleitete den Pfarrer während der Andacht.
Eine tiefe Ruhe und Dankbarkeit ergriff mich. Ich wollte diesem Haus und seinen Menschen einfach danke sagen. Es ist Spätherbst, Erntedankzeit gewesen. In einem Brief bot ich meine Musik an, drückte noch einmal meinen Dank aus und wollte in der Vorweihnachtszeit sonntagnachmittags Weihnachtslieder auf der Palliativstation des Krankenhauses spielen.

Seither sind über 10 Jahre vergangen. Jeden Sonntag spiele ich Klavier und empfinde jedes Mal neu tiefen Dank diesem Haus gegenüber und große Freude an den vielen intensiven Begegnungen.

Hilde Bauer

Palliativmedizin und Hospiz

In den vielen Jahren, in denen ich für Patienten und Angehörige im Hospiz und auf der Palliativstation Klavier spiele, werde ich immer wieder nach diesen beiden Begriffen gefragt. Als Nichtmedizinerin kann ich nur spärliches Wissen, Beobachtungen und Gefühle zum Ausdruck bringen und nur laienhaft antworten. Die häufigsten Fragen an mich lauten:
Was heißt palliativ? Was ist ein Hospiz? Ist das die Lebensendstation? Wer kann dorthin? Wer bezahlt dafür? Wie lange kann man bleiben? Der für die Palliativmedizin engagierte Arzt Dr. med. Wolfgang Decker, Vorsitzender des Fördervereins der Freunde der Kreisklinik Fürstenfeldbruck e.V. und ehemaliger Chefarzt der Kreisklinik Fürstenfeldbruck, beantwortete mir für die Allgemeinheit gut verständlich all diese Fragen. Dafür meinen ganz herzlichen Dank!

„Das Wort ‚palliativ' leitet sich ab vom lateinischen Wort ‚Pallium', was wörtlich mit ‚Mantel' zu übersetzen ist. Palliativmedizin ist also eine den Patienten umhüllende, schützende, lindernde Behandlung. Das Therapieziel ist nicht – wie sonst in der Medizin – Heilung und Lebenserhalt, sondern ausschließlich eine möglichst gute Lebensqualität bis zum Tod. Es geht dabei um Patienten mit einer unheilbaren, fortschreitenden Erkrankung, die nur noch eine begrenzte Lebenserwartung haben: z.B. bösartige Tumorleiden, Endstadium von Erkrankungen des Nervensystems, der Lunge, des Herzens. Starke Schmerzen, Übelkeit, Atemnot, Unruhe, Angst und andere Beschwerden machen diese Lebensphase oft zur Qual. Sind die ambulanten palliativmedizinischen Möglichkeiten durch Hausarzt und ambulante Pflegekräfte ausgeschöpft, ist die Palliativstation eines Krankenhauses für diese Patienten der beste Ort. In einem wohnlichen Umfeld, abgeschirmt von der

üblichen Hektik eines normalen Krankenhausbetriebes, findet der Patient hier ein Team von besonders weitergebildeten Ärzten, Pflegekräften, Seelsorgern, Sozialarbeitern, Krankengymnasten und ehrenamtlichen Helfern. Es gilt nicht nur die körperlichen Beschwerden so gut wie möglich zu beherrschen, sondern die in dieser Lebenssituation oft drängenden seelischen, spirituellen, religiösen wie auch sozialen Probleme bedürfen der Beachtung. Palliativmedizin ist eine ganzheitliche Medizin. Auch die Musik kann hier neben dem zuwendenden Gespräch eine große Hilfe sein. Die Angehörigen werden intensiv mit eingebunden, sie können beim Patienten so lange und so oft verweilen, wie sie es wünschen – selbstverständlich auch über Nacht. Im üblichen Betrieb eines Krankenhauses ist dies alles nicht zu leisten, weshalb man dort den besonderen Bedürfnissen dieser Patienten nicht gerecht werden kann. Das Ziel der Behandlung auf der Palliativstation ist, die Lebensqualität des Patienten nach Möglichkeit so zu verbessern, dass er – zumindest für eine gewisse Zeit – wieder zu Hause weiterbehandelt werden kann. So genannte Brückenschwestern leisten hier entsprechende Hilfestellungen, ehrenamtliche Hospizhelferinnen stehen auf Wunsch dem Patienten und seinen Angehörigen zu Hause zur Seite. Die Dauer des Aufenthaltes auf der Palliativstation hängt von der Art und Schwere der Erkrankung ab, sie schwankt zwischen wenigen Tagen und vielen Wochen. Durchschnittlich sind es erfahrungsgemäß etwa zwei Wochen.
Was unterscheidet nun eine Palliativstation von einem stationären Hospiz? Die Behandlung auf einer Palliativstation ist eine Krankenhausbehandlung und wird deshalb auch von den Krankenkassen bezahlt – leider nicht kostendeckend. Denn die Personalkosten sind auf dieser Station mit ausschließlich schwerstkranken Patienten, die dort auch viel persönliche Zuwendung erfahren sollen, besonders hoch. Die Aufnahme in ein stationäres Hospiz erfolgt auf Wunsch des Patienten, auch wenn keine quälenden Beschwerden bestehen. Es sind deshalb

vor allem Menschen, die zu Hause in ihrer letzten Lebensphase nicht gepflegt werden können, aber eben keiner Behandlung in einer Palliativstation bedürfen. Die Kosten trägt deshalb nicht die Krankenkasse, sondern zum Teil die Pflegeversicherung, ebenso muss der Patient selbst – je nach seinen finanziellen Möglichkeiten – einen Anteil tragen. Der Rest wird vom Träger des Hospizes (z.B. Hospizverein, Orden, aus Spenden) finanziert.

Letztendlich ist Sterbebegleitung wie auch die Trauerbegleitung der Angehörigen im Hospiz wie natürlich auch auf der Palliativstation eine wesentliche Aufgabe."

Dr. med. Wolfgang Decker

Wir alle sollten uns dafür einsetzen, dass in unserem Land der Palliativ- und Hospizgedanke wachsen darf, damit die Menschen in Würde bis zu ihrem Ende begleitet werden können.

Erinnerung an Oma

Mühsam auf zwei Krücken näherte sich der Patient dem Klavier. Ein schüchternes Lächeln lag auf dem schmalen, unrasierten Gesicht, in dem zwei blaue Augen an das Strahlen vergangener Tage erinnerten. „Heut' hab' ich Geburtstag, ich wünsche mir ein Lied von Ihnen", hörte ich eine leise Stimme sagen und eine Hand streckte sich mir zum Gruß entgegen. Die besorgte Ehefrau stand hinter ihrem Mann und freute sich an meinem ehrlich gemeinten Glückwunsch. Da ich keine „echte" Pianistin bin und nur ein bescheidenes Repertoire habe, hoffte ich von Herzen, „sein Lied" zu besitzen und es auch spielen zu können. „Sie haben es und können es auch spielen", erwiderte der Kranke. „Letzten Sonntag haben sie es auch gespielt, aber ich hörte es nur aus der Ferne vom Bett aus, weil ich nicht aufstehen konnte." *„Ach, ich hab' in meinem Herzen drinnen..."* war der Geburtstagswunsch.
Eng aneinander gekuschelt saß das Ehepaar auf der Couch und hörte zu. Eine Strophe, noch eine und noch eine – das war der Wunsch. Mein Gefühl der Freude, einem Menschen ein Lied zu schenken, kann ich nicht schildern. Dann erzählte der Kranke von seiner Oma, die er als Bub ganz heiß liebte. Die Oma, der Vater und die Brüder waren der Musik und dem bayerischen Liedgut sehr verbunden. Man hatte gemeinsam gesungen und musiziert. Die Erinnerung an die frühe Jugend, die gemeinsamen Lieder, die Freude daran – alles brach aus diesem Kranken heraus, als wäre die Zeit zurückgedreht worden. Als die heißgeliebte Oma von der Familie weggehen musste, wurde auf der Trompete *„Behüt' Dich Gott..."* und später noch *„Guten Abend, gute Nacht..."* gespielt. Auch diese Lieder konnte ich noch zum Geburtstag schenken. Es wurde nichts mehr gesprochen, das Paar saß glücklich auf der Couch – schöne Kindheitserinnerungen hatten die Gesichter verklärt,

vielleicht Schmerz vergessen lassen. „Nächsten Sonntag komm' ich wieder", hörte ich ganz leise nach längerer Zeit und es kam mir vor, als hätte ich selbst heute Geburtstag.

Am darauf folgenden Sonntag lebte dieser Patient nicht mehr.

O Tannenbaum – im Sommer

Die dreijährige Rebecca kam zu mir an das Klavier. Sie war überhaupt nicht schüchtern, obwohl wir einander völlig fremd waren. Es war Hochsommer, die Terrassentür stand offen und viele Patienten und Besucher spazierten im Park umher. „Möchtest Du auch etwas spielen oder singen", fragte ich sie. Da platzte sie munter heraus: „Ja, O Tannenbaum". Trotz meines Einwands, dass doch jetzt Sommer und nicht Weihnachten sei, beharrte Rebecca auf ihrem Kranken-Tannenbaum-Lied, das sie jetzt für die Oma singen werde. Mit sicherer Stimme und auch mit einigermaßen richtigem Text sang dieser kleine Spatz zur Freude aller Zuhörer drei volle Strophen dieses Weihnachtsliedes im Hochsommer. Wenn das kein echtes Geschenk gewesen ist! Die kranke Oma hat es bestimmt noch gehört und sicher alle Schutzengel, die sie an ihrem Bett begleitet haben. Einige Besucher und Patienten bedankten sich trotz sommerlicher Hitzegrade mit einem Lächeln bei Rebecca für ihr Tannenbaumlied.

Der Hospizhund

Ein Patient besaß ein winzig kleines Hundekind mit dem Namen „Praline". Es war ein Malteser, ein weißes, seidenweiches Bündel Hund, das locker in zwei Handteller passte. Drei schwarze Punkte und etwas winziges Rotes ließen erkennen, was vorne ist. Die schwarzen Punkte waren zwei muntere Augen und ein Näschen, rot war das Zünglein.
Sprühendes Temperament und unglaubliches Vertrauen in alle zweibeinigen Wesen machten Praline schnell zum Liebling der Station. Der Gesundheitszustand des Patienten verschlechterte sich rasch und machte ihn zum Pflegefall. Die Familie musste sich von Praline trennen und alle waren traurig. Eine Krankenschwester nahm sich der Praline an und erbte das Hundekind. Somit war Praline in den unrunden Dienstplan einer Stationsschwester eingebunden, musste auch noch vieles lernen. So durfte z.B. die Schwelle zur Küchenzeile nie überschritten werden, weil Hunde in Krankenhausküchen nichts zu suchen haben. Mit herzzerreißenden Blicken saß Praline vor der Schwelle und beobachtete alles, was sich in der Küche tat. In einer Ecke des Aufenthaltsraumes stand ein Futternapf und ein Schlafkörbchen mit Decke. Was Praline aber immer durfte und sichtlich genoss, das waren viele liebevolle Streicheleinheiten von Patienten, Angehörigen, Kindern von Besuchern und und und ... Ganz brav saß sie dann auf Knien, Bettdecken, in Rollstühlen – machmal sehr sehr lange. Oft sah ich Patienten lächelnd schlafen, die mageren Hände auf Pralines weichem, warmen Fell liegend. Praline wusste sicher über Jahre, dass sie in einer besonderen Krankenstation ein sehr wichtiger Therapeut gewesen ist. Das signalisierte der Instinkt und nicht nur ich war glücklich zu sehen, dass es solchen Seelenbalsam geben darf.

Das Abschiedsgeschenk

Ein Bett wurde in das Wohnzimmer geschoben. Den Patienten hatte ich schon einmal am vergangenen Sonntag gesehen. Ein schmales Gesicht mit hellen Augen und ein zartes Lächeln entdeckte ich tief im Kissen vergraben. Die Freude darüber, mich noch einmal zu sehen und zu hören, brachte der Patient mühsam zum Ausdruck. Verlegen entschuldigte er sich für seine schlechte Rasur. Mit zitternden Händen überreichte er mir ein von ihm verfasstes Büchlein als Geschenk. „Meine Handschrift hat im Lauf der Zeit nachgelassen", meint er. Eine kleine Widmung für mich stand auf der ersten Seite, sie war schwer zu entziffern. Was für eine starke Persönlichkeit musste dieser Mann früher einmal gewesen sein! Jetzt erinnerte er mich an eine Kerze, die langsam verlöscht. Der Hauch eines Handkusses war für mich ein besonderes Geschenk. „ Nächsten Sonntag sehen wir uns nicht", sagte der Mann, „da fliege ich in den Urlaub auf die Kanaren." Ich wünschte ihm einen schönen Urlaub. Vielleicht war es seine letzte Reise, denn ich habe ihn nicht mehr wiedergesehen, doch das kleine Büchlein von ihm steht bei mir auf meinem Board und erinnert mich an diese Geschichte.

Der Chor

Zwei befreundete Ehepaare sangen schon seit fast 40 Jahren in einem bekannten Münchener Chor. Alle hatten wunderschöne Stimmen, auch die schwerkranke Ehefrau des einen Mannes. Die Patientin saß in einem großen Rollstuhl und alle vier versammelten sich nahe bei meinem Klavier. Die Schwerkranke hatte auch noch eine feste Stimme und, was mich sehr beeindruckte, sie beherrschte alle Texte. Es war erstaunlich, welche Kraft durch die Musik noch zum Ausdruck kam. Zu Dritt suchten sie in meinem kleinen Liederbuch ein Liebeslied, etwas mit Sonne und Meer. Ich selbst kannte es nicht, aber ich versuchte, es zu spielen. Nicht fehlerfrei, aber gut erkennbar begann unsere „Chorprobe". Wir waren alle glücklich, bis die Patientin einschlief. Ganz leise und mit einem lieben Dankeschön setzte sich der kleine Chor in Richtung Krankenzimmer in Bewegung. Den Chor habe ich nicht wiedergesehen.

Der große Zapfenstreich

Es war ein Sonntagnachmittag im November, als ich das große Wohnzimmer im Hospiz betrat, um dort mein kleines, bescheidenes Konzert zu beginnen. Die großen alten Bäume vor dem Wintergarten hatten schon vor Tagen ihre bunten Blätter abgeworfen und ein grauer Himmel wölbte sich über den kahlen Zweigen. Ein Novembertag wie ihn jeder kennt, mancher auch fürchtet.

Eine Krankenschwester kam zu mir und fragte mich, ob ich die Melodie des Großen Zapfenstreichs spielen könnte. Ich kannte zwar die Melodie, hatte aber keine Noten. Die Schwester veranlasste daraufhin, dass ein schwerkranker Patient in seinem Bett in das Wohnzimmer geschoben wurde, um dort auf einer Musikkassette die Melodie zu hören. Der Patient sei ein hoher Offizier der Luftwaffe gewesen und jetzt in diesem Augenblick müsste man mit seinem Ableben rechnen. Schon als junger Mann hätte er immer gesagt: „Wenn ich irgendwann einmal sterbe, will ich nur den Großen Zapfenstreich zu meinem Abschied hören." Damals konnte niemand ahnen, wann, wie und wo dieser Abschied einmal sein würde. Die Familie hatte diesen Wunsch in Erinnerung behalten und auch die Kassette besorgt.
Diese kurze Information erhielt ich in diesen Augenblicken und ich fragte, ob ich diesen Raum verlassen sollte. Man bat mich zu bleiben.
Es wurde ein Bett herein geschoben. Lautlose Stille herrschte. Ich sah einen Patienten – noch gar nicht so alt – mit einem schönen, ebenmäßigen Gesicht, geschlossenen Augen. Eine größere Familie stand um das Bett herum, links die Ehefrau, rechts die sehr junge Tochter – beide hielten eine Hand des Patienten. Am Fußende stand ein junger Mann, das neugeborene erste Enkelchen schlafend auf dem Arm. Ich selbst stand in

meiner Klavierecke und war tief berührt. Auch ein Arzt war da.
Ganz leise ertönte jetzt der Große Zapfenstreich. Kurz vor Ende dieser Melodie verstarb der Patient mit einem Lächeln auf dem Gesicht – sein vor vielen Jahren geäußerter Wunsch war in Erfüllung gegangen und begleitete diesen Mann ins Licht.
Trotz der Trauer war viel Harmonie im Raum zu spüren.
Manchmal gehen Wünsche auf eigenartige Weise in Erfüllung.

Die Leih-Hand

Ein Patient wurde von seiner Frau in meine Nähe geschoben. Nach ein wenig Zuhören entwickelte sich ein leises Gespräch zwischen dem Patienten und mir. Er hatte ein schönes Gesicht, eine ruhige Stimme und eine kultivierte Sprache. „Ich besitze zu Hause auch ein Klavier, leider kann ich nicht mehr spielen", erzählte er mir. Er betrachtete voller Wehmut seine Hände und hielt sie mir hin. Viel Traurigkeit lag in dieser Geste. Auch seine Frau, die sich inzwischen setzte, muss so empfunden haben. „Mit der rechten Hand geht es ja noch ein bisschen", meinte er, „aber was ist das schon?" Er legte beide Hände wieder in den Schoß zurück. Mir kam eine Idee. „Möchten Sie nicht wenigstens mit einer Hand spielen?" fragte ich ihn vorsichtig. Er wollte! Der Sohn war inzwischen auch gekommen, saß mit der Mutter zusammen in der Nähe und beide freuten sich an der Idee. Ich rückte meinen Schemel ein bisschen zur Seite, der Rollstuhl war ganz nahe bei mir und der Patient griff mit der rechten Hand in die Tasten. Gleich bei der ersten Bewegung merkte ich, wie gut der Mann spielen konnte. Was für eine Kraft er noch in der einen Hand hatte! Mein Angebot, meine linke Hand zur Begleitung zur Verfügung zu stellen, wurde dankbar angenommen, obwohl ich wusste, wie sehr ich mich ins Zeug legen musste, um einigermaßen bestehen zu können. Wir spielten Volkslieder und es ging gut. Der Patient tauchte in eine andere Welt ein, vergaß sicher vieles in dieser guten halben Stunde und war völlig losgelöst von allem, was ihn sonst mit jeder Minute belastete. „Er ist einfach glücklich", flüsterten die Frau und der Sohn mit feuchten Augen und bedankten sich bei mir so herzlich, dass mir ganz warm ums Herz war. Freude machen, Freude schenken, Freude bekommen – ist das nicht die beste Medizin?

Nadine

Ein kleines Mädchen näherte sich mir ganz vorsichtig und hörte aufmerksam zu. Ich fragte sie, ob sie wohl singen oder spielen möchte. „Ich habe vor zwei Jahren auch ein Klavier bekommen", erzählte sie, „aber jetzt will ich was anderes machen". Nadine war neun Jahre alt und besuchte mit ihrer Mutti den schwerkranken Opa. Nadine wühlte im Notenpack und entdeckte den „Gefangenenchor". Den hätte der Opa so gerne gehört, aber jetzt würde Opa wohl nur noch zwei bis drei Wochen zu leben haben. Sie war sehr traurig. Dann sind sie beide wieder fortgegangen. Eine Woche später spielte ich wieder Klavier. Es war Weihnachtszeit. Da tauchte Nadine neben mir auf, sie hatte das Notenblatt des Gefangenenchors in der Hand und fragte mich, ob sie das jetzt spielen dürfe. Ich war überrascht und erfreut. „Ich habe die Tür von Opas Krankenzimmer ganz weit aufgemacht, damit der Opa es auch hören kann", erklärte Nadine. Er könne nicht mehr sprechen und würde den Heiligen Abend nicht mehr erleben. Nadines Mutter kam zu mir und erzählte mir, dass Nadine die ganze Woche nach der Schule sofort zum Klavier gegangen sei und den Gefangenenchor geübt hätte, um dem Opa noch ein letztes Lied mit auf seinen Weg zu geben. Ich war beeindruckt, als dieses Kind voller Freude und fast fehlerfrei das Lied spielte. Dreimal hat sie es gespielt und wurde immer besser. Diese Freude wird sie sicher ihr Leben lang nicht vergessen.

Sauerstoff

Es ist schon sehr kalt gewesen, alle Bäume waren kahl und ein eiskalter Wind fegte über die Wiesen und das Wasser. Eigentlich war es so ein Tag, an dem es in den Häusern gemütlich warm war, die Menschen sich für den bevorstehenden Winter einigelten, sich allein oder gemeinsam kuschelnd an einem heißen Tee erfreuten. Auch im Krankenhaus war es warm. Doch dann wurde ich mit meinem Klavier in ein Krankenzimmer gebeten. Kälte umfing mich, die Terrassentür stand sperrangelweit auf und eine Patientin, in eine dicke Jacke, Mützchen und Handschuhe verpackt, lächelte mir entgegen. Ein paar Volkslieder wollte sie von mir hören. Gerne habe ich ihr diesen Wunsch erfüllt. Nach ein paar Minuten erzählte mir diese Patientin, wie glücklich sie in dieser Stunde sei, weil sie „echte" kalte Luft atmen dürfe, ohne diesen elenden Sauerstoffapparat. Die Freude und die Dankbarkeit darüber konnte ich aus ihren Augen leuchten sehen und ich war zutiefst beeindruckt von dieser Art von Glück. Durch meine eigene Freude hatten meine Hände gar keine Chance, kalt zu werden.

Die Himmels- oder Jakobsleiter

In einem Krankenzimmer habe ich eine Patientin erlebt, die mir aufmerksam zuhörte. Ganz leise spielte ich ein paar bekannte Melodien. "Ich stehe noch auf der Mitte der Leiter", sagte die Patientin in einer kurzen Pause zu mir. Mein zweifelnder, fragender Blick ermunterte die Patientin weiterzureden.
"Sie kennen doch sicher die Jakobsleiter, die zwischen der Erde und dem Himmel steht, auf der jeder Mensch gehen muss?" fragte sie. Ich kannte dieses schöne Gleichnis auch, doch erst jetzt wurde es mir wieder bewusst.
„Ich weiß nicht, ob ich ganz hinauf gehen werde oder ob ich noch eine Weile in der Mitte bleiben darf, wie lange noch? Täglich fragt mich meine innere Stimme danach, aber ich habe noch keine Antwort. So bleibe ich noch weiter auf der Mitte stehen. Bitte spielen Sie weiter!" Ich spielte ganz leise, damit dieser liebenswerte Mensch auf seiner Jakobsleiter nicht erschrickt. Mit einem sanften Lächeln auf dem Gesicht war die Frau nach einer Viertelstunde eingeschlafen. Wann wird die Antwort kommen und wie wird sie lauten? Lautlos verließ ich tief bewegt das Krankenzimmer.

Sabine

Es war einer dieser vorweihnachtlichen Dezembertage, kurz vor dem Heiligen Abend. Früh ist es schon dunkel geworden, auf den Strassen lag Schneematsch und der Himmel hing voller grauer Wolken. Wie jeden Sonntag spielte ich Weihnachtslieder und machte so manchem Patienten oder einem Angehörigen eine Freude. Fast war ich schon an der Ausgangstür und wollte nach Hause fahren, als eine Schwester mich aufhielt und mich bat, noch einmal umzukehren. Es gäbe da noch eine Patientin im Haus, die jüngste mit 17 Jahren. Dorthin wollten sie das Klavier schieben und ich sollte noch ein Weihnachtslied für das schwerkranke Mädchen spielen. Im Zimmer stand das große Bett, ein Sauerstoffgerät machte einen ziemlichen Lärm und im Kissen war ein kleines, blasses Gesicht zu erkennen. Die Mama saß gebeugt am Bett der Tochter, sprach leise mit ihrem Kind und bat mich, das Lied „Ihr Kinderlein kommet" zu spielen. Eine Strophe davon spielte ich ganz leise. „Das ist das Lieblingslied von Sabine", sagte die Mutter zu mir. Mit Musik würde sie leichter weinen können und sie habe so große Angst davor, ihr Kind loszulassen. Immer wieder sollte ich noch eine Strophe dieses alten Weihnachtsliedes spielen und die Frau wurde ruhiger und irgendwie glücklich. Sie meinte, das Lied würde Sabine noch erreichen und ihr Freude machen. Ganz besonders zart sollte ich immer wieder nur diese eine Melodie spielen. Ich tat es gern und trotz meiner eigenen Traurigkeit über das Schicksal dieser jungen Familie empfand ich eine tiefe Dankbarkeit dafür, dass ich diesen Wunsch erfüllen konnte. Leise habe ich mich verabschiedet und fuhr nach Hause. Als ich am nächsten Sonntag wiederkam, entdeckte ich an der Pinnwand des Hauses das Sterbebild von Sabine. Ein strahlendes junges Mädchen blickte mich dort an und trotz meiner Betroffenheit empfand ich tief in mir die Freude, Sabine „ihr" Lied noch mit auf den Weg gegeben zu haben.

Die Stummen

Eine schwerkranke Patientin wurde mit ihrem Bett in den Aufenthaltsraum gefahren. Der Ehemann hielt die Kranke ganz fest im Arm und flüsterte ihr ununterbrochen irgendetwas ins Ohr. Ihre Augen waren geschlossen und es lag tiefe Ruhe und Frieden in ihrem schönen Gesicht. Es befanden sich noch einige Patienten in Rollstühlen und auch noch einige Besucher und Angehörige im Raum und es war trotz der Menschen und meinem leisen Geklimpere still. Mit kurzen Pausen ließ ich am Klavier Melodien erklingen, die jeder kannte, bei denen sich jeder forttragen lassen konnte. Entspannen, träumen, vergessen oder einfach nur hinhören – dies zu erreichen ist immer wieder mein Wunsch. Kurz sah ich mich um, was im großen Raum zu sehen war. Die Schwerkranke lag ruhig und entspannt in ihrem Bett. Ihr Ehemann saß inzwischen in der Couchecke neben dem Bett seiner Frau. Auch er hatte die Augen geschlossen – es ging viel Frieden von ihm aus.

Die Krankenschwester erzählte mir später, dass dieser Mann seine Frau fast schon ein Jahr lang selbst pflegen und fast keine fremde Hilfe in Anspruch nehmen würde. Nun war er selbst an seine Grenzen gekommen. Auch im Hospiz wollte er das Krankenzimmer nicht verlassen und sich lieber ganz mit seiner Frau zurückziehen. Der Schwester ist es gelungen, dieses leidgeprüfte Paar in den Aufenthaltsraum zu bringen, wo es der Musik zuhören konnte.

Rudi

Der Rollstuhl wurde nahe an mein Klavier gebracht. Im Rollstuhl saß ein Patient, der in seinen gesunden Jahren ganz sicher einmal ein witziger, lustiger Zeitgenosse gewesen sein muss. „Ich bin der Rudi", begrüßte er mich. Es fällt mir nicht schwer, auf Menschen zuzugehen und so spielte ich auch für Rudi ein paar Melodien, die er sich wünschte. Dazwischen rief er immer wieder mit lauter Stimme: „Hallo, Schwester Klimperlein!" Der Sohn ermahnte den Vater immer wieder, doch nicht so zu schreien, aber Rudi hatte dafür nur ein heftiges Lachen übrig. Was steckte in diesem Mann noch für eine Kraft! Ich fühlte mich von diesem liebenswerten Rudi wirklich angesprochen und wünschte mir für ihn, dass ihn sein Humor bis zur letzten Minute seines Lebens nicht verlassen möge. Er hatte nur noch wenige Tage zu leben.

Peter

„La Pastorella" habe ich gespielt, dieses schöne Lied gehört zu meinem Repertoire. Da erklang eine weiche, wunderschöne Stimme im Hintergrund und sang mit. Ich wagte nicht mich umzuschauen, um diesen zauberhaften Moment nicht zu unterbrechen. Die Stimme gehörte einem jungen Pfleger, der seit ein paar Tagen einen Teil seiner Ausbildung in diesem Haus angetreten hatte. „Ich singe schon seit ich denken kann", erzählte er mir, und überall, wo er Musik höre, fühle er sich magisch angezogen. Es war eine Freude für mich, ihm zuzuhören und wir lockten Schwestern, Patienten und Angehörige in unsere Nähe zu einem improvisierten, kleinen Nachmittagskonzert. Wir spielten alles mögliche durcheinander, konnten auch ein paar Wünsche erfüllen und durften in viele strahlende Augen sehen. Musik ist wirklich eine Wundermedizin – manchmal wird es einem ganz besonders deutlich gemacht.

Die Mami mit den Winzlingen

Eine junge Mutter mit zwei kleinen Kindern besuchte den kranken Schwiegervater. In der Stille des Krankenhauses sind kleine Kinder oft ein Problem, obwohl es im großen Wohnzimmer auch Bauklötzchen und Bilderbücher gibt. Diese beiden Kleinen aber schoben einen großen Korbstuhl nahe an mein Klavier und setzten sich eng aneinander gekuschelt hinein. Wir kannten uns nicht. Die Schwestern glaubten, es wären meine eigenen Enkelkinder, weil sie so brav waren. Sie saßen nur da und hörten meinen Kinderliedern zu. Auch die Mama war nicht mehr im Raum. Wie lange dieser zauberhafte Zustand dauerte, weiß ich nicht mehr genau. Die junge Mutter war selbst überrascht über ihre beiden Kleinen. Über das Vertrauen musste ich später noch manchmal nachdenken. Musik kann so sehr verbinden, schafft Vertrauen und öffnet Ohren und Herzen.

Der Handkuß

Ein Patient – ich kannte ihn schon zwei Sonntage lang – wartete auf mich im Wohnzimmer. Was für eine Freude, was für ein Lächeln konnte ein recht kranker Mensch in sein Gesicht zaubern! Jedes Mal muss ich dann an schwarze Wolken mit einem silbernen Rand denken. Dahinter versteckt sich so viel Sonnenschein – man darf und kann das einfach nicht übersehen. Irgendwann wurde der Patient von einer Krankenschwester abgeholt, um auf das Zimmer zurück zu kommen. Doch vorher bekam ich ein herzliches Dankeschön, ein liebevolles Lächeln und einen formvollendeten Handkuss geschenkt – die ganze Zeit über wurde nichts gesprochen. Was für ein Geschenk, was für eine Medizin für alle!

Das Konzert

Ich spielte aus meinem kleinen Repertoire – ganz still ist es im Wohnzimmer gewesen und noch einige Patienten hörten zu. Eine liebe alte Dame bedankte sich für ein paar Lieder und gab mir ganz plötzlich einen behutsamen Kuss mitten auf die Stirn. Ein solches Geschenk war neu für mich. In meiner Überraschung blieb ich stumm, und lautlos war die alte Dame wieder verschwunden. Nach etwa einer Stunde schob eine Krankenschwester diese alte Dame wieder an mein Klavier. Sie hatte jetzt eine sehr elegante Seidenbluse angezogen und bat die Schwester, doch mit ihr in das große Konzert zu fahren. Für ganz kurze Zeit bin ich wohl eine berühmte Pianistin gewesen?!

Eine ganz besondere Begegnung

Ganz still ist es gewesen. Eine Patientin saß im Rollstuhl im Wohnzimmer – sie schien zu schlafen. Ein Besuch setzte sich neben die Patientin. In einer anderen Ecke des großen Raumes unterhielt sich ein kleines Grüppchen Angehöriger leise miteinander. Es war ein ganz typischer Novembertag, an dem es kein bisschen heller werden wollte, und es war auch der letzte Sonntag vor dem ersten Advent – „stade" Zeit im wahrsten Sinne des Wortes. Ich selbst passte mich mit meinem Spielen dieser Atmosphäre an. Es sind auch wunderschöne Momente für mich. Plötzlich wurde es unglaublich lebendig um mich herum. Eine junge Familie mit vier kleinen Kindern kam an, und viele Hände streckten sich der Patientin entgegen. Längst hatte sie wohl schon die Augen offen und gespürt, dass ihre Familie zu Besuch kommt. Papa, Mama und die Kinder – zwei Buben und zwei Mädchen, waren zwei, vier, sechs und acht Jahre alt. Alle wollten der Oma etwas erzählen. Ich werde nie mehr dieses freudige Strahlen auf dem Gesicht der kranken Oma vergessen. Im Schlepptau dieser muntern Schar trabte ein riesengroßer Berner Sennenhund. Auch er begrüßte die Oma und wedelte mit seiner Rute so heftig, dass sogar ich noch den Luftzug spüren konnte. Die Oma wünschte sich von mir das Lied „Aber Heidschi, bumbeitschi" und freute sich an der Melodie. Alle kleinen und großen Hände dieser Großfamilie hielten sich an der Oma fest – es war ein Bild der Harmonie. Und vor der Gruppe lag hingestreckt dieser Leibwächter von Hund mit seinem großen Kopf und seinen Riesenpfoten. Er lag in seiner ganzen Größe auf dem Boden, hatte seinen Kopf zwischen den Pfoten auf den Parkettboden gelegt – kein Geräusch, keine Regung schien ihm zu entgehen, wie es sich für einen echten Leibwächter gehört. Irgendwie erinnerte mich aber dieses Bild auch an den großen ausgestopften Tiger in „Diner for one", an dem alljährlich an

Silvester der Butler in Verzweiflung gerät.

Nach einer Weile kam ein vierjähriges Mädchen zu mir an das Klavier, lieh mir den rechten Zeigefinger ihres Händchens und tippte – zur Freude aller Zuhörer, besonders aber der Oma – das Lied „Alle meine Entchen". Irgendwann hat sich diese große liebe Familie verabschiedet. Eine Krankenschwester kam noch zu mir, um mir zu sagen, wie sehr sich das Pflegepersonal über solche Begegnungen freut. Das sei Medizin für alle!

Die Tochter

Eine Tochter, deren heißgeliebte Mutter vor Monaten hier im Haus gestorben war, besuchte immer mal wieder das Haus. „Meine Mutter hat sich hier besonders gut aufgehoben gefühlt. Hier konnte sie loslassen und wirklich Abschied nehmen", erzählte sie mir.
Der Stiefvater hatte nach der Trauerfeier die Urne mit der Asche der Mutter mit ins Ausland genommen, so dass ein Besuch am Grab für die Tochter nicht möglich war. So kommt sie immer mal wieder in dieses Haus, geht durch die Gänge, besucht die Kapelle, hört manchmal meiner Musik zu, spricht mit irgendwelchen Angehörigen und kann hier ganz bewusst und voller Liebe ihre Trauer leben, die ihr so viel bedeutet. „Immer habe ich das Gefühl", sagte sie, „dass Mutter da ist und ich ihr ganz nahe bin."

Die geschenkten Noten

Ein Besucher, der Angehörige eines Schwerkranken, schenkte mir eines Sonntags drei anspruchsvolle Notenalben. Sie waren alt und abgegriffen. In einer Ecke war noch „Reichsmark 4,50" zu lesen. Wer würde wohl daraus schon gespielt und geübt haben? Und was für ein Preis! Heute kostet ein einzelnes Notenblatt schon ca. 4 bis 5 Euro. Ich habe mich sehr gefreut über dieses seltsame Geschenk. Der Inhalt dieser Alben war schwarz vor Noten. Beim Hinsehen wurde mir ganz schwindlig. Brahms, Liszt, Beethoven – das war von meinen bescheidenen Fähigkeiten so weit entfernt wie der Mond von der Erde. Um meinen Gönner nicht zu verletzen, bedankte ich mich so höflich wie ich nur konnte und wollte die Bände zurückgeben. Er hat sie nicht zurückgenommen, sondern seinen Zeigefinger erhoben und mich mit seinem allerstrengsten Gesicht angeschaut: „Üben Sie, üben Sie – es gibt keine Ausreden. Sie werden es lernen!" Was traute mir da ein völlig fremder Mensch noch zu? Er erzählte mir nur noch ganz kurz, dass er Opernsänger gewesen sei, dass er schon als kleiner Bub nur Wagner und Mozart verehrt hätte und dass er Volkslieder hasse. Ganz rasch verließ er den Raum, ich stand da mit meinen „neuen Noten" und dem Gedanken an eine außergewöhnliche Begegnung.

Die Mundharmonika

Ein alter Mann kam langsam an das Klavier und hörte mir zu. Er hatte noch muntere Augen und es blitzte so etwas wie Schalk aus ihnen heraus. Als er sich am Rand des Klaviers festhielt, habe ich feine, kleine Hände gesehen und war angerührt von seiner harten Erscheinung. Plötzlich sagte er mir, er müsse jetzt sofort etwas holen und ich solle auf ihn warten. Nach einer Weile kam er zurück und zeigte mir eine kleine Mundharmonika. „Nur C-Dur", meinte er, was anderes würde nicht funktionieren. Auf einem Stuhl sitzend blätterte er in meinem großen Liederalbum. Er fand ein paar Melodien in C-Dur und dann gingen wir gemeinsam in unserer Kunst auf. Ganz hervorragend konnte dieser Mann auf der kleinen Mundharmonika spielen – wir waren beide glücklich, unsere Augen strahlten und wir hatten das Gefühl, als kämen wir beide gerade aus der Philharmonie.

E-Piano oder Keyboard

Ein zehnjähriger Florian besuchte seinen kranken Opa auf der Palliativstation. Florian bemerkte in einem lieben, kleinen Gespräch mit mir und dem Blick in meine Noten, dass er auch schon Noten lesen könne und seit einem Jahr Trompete spielen lerne. Sein großer Wunsch sei es, irgendwann einmal mit seiner Trompete in einer großen Kirche zu spielen. Mama und Oma hörten unserem Gespräch zu und hatten ihre Freude daran. Florian berichtete mir von den genau festgelegten Übungszeiten für so ein lautes Instrument in einem Mietshaus und dass man immer nur nach der Uhrzeit üben müsse. Er fand das meistens gar nicht lustig. Mein E-Piano interessierte ihn sehr und er meinte, dass er das doch auch noch lernen könne. Ich habe Florian gesagt, dass man auf so einem Keyboard oder einem E-Piano auch mit Kopfhörer üben könne, auch wenn es mitten in der Nacht wäre. Florian war begeistert und fasste einen spontanen Entschluss: Am 1. September sei sein Geburtstag und da werde er ab sofort alle Omas, Tanten, Paten und sonstige Gönner um Geld bitten, um so ein Instrument samt Kopfhörer zu kaufen und zu lernen. Die Begeisterung wirkte ansteckend und dieser musikalische Bub hat das sicher auch erreicht. Leider habe ich ihn nicht mehr wiedergesehen.

Begegnung mit Sarah

Ein kleines Mädchen saß im Wohnzimmer und malte. Sie war ganz allein und ich wusste nicht, auf wen sie wartete oder wen sie besuchte. Irgendwann kam sie an mein Klavier und fragte mich nach meinem Namen. „ Ich heiße Hilde, und Du?" – „ Ich heiße Sarah", antwortete sie. Singen wollte sie nicht, nur malen. Nach etwa einer halben Stunde kam sie wieder zu mir und überreichte mir ein Blatt mit einer bunten Zeichnung. „Für Hilde von Sarah" stand darauf, jeder Buchstabe hatte eine andere Farbe. In der Mitte des Blattes war Sarah abgebildet mit langen, blonden Haaren. Sie schenkte mir dieses Kunstwerk und ich bedankte und freute mich. Dann verschwand Sarah einfach.
Am nächsten Sonntag kam ich wieder. Viele Menschen waren da und ich war überrascht. Plötzlich sprang Sarah auf mich zu und strahlte mich an. „Mein Papa ist gestorben und wir machen hier eine Ausstellung und ein Konzert".
Ich war sehr bestürzt und konnte meine Gefühle überhaupt nicht ordnen. Ein junger Künstler war gestorben, seine unvollendete Ausstellung wurde hier aufgebaut und ein Streichquartett spielte Mozart. Viele Gäste gingen still durch die Gänge und betrachteten Bilder, lasen ausgewählte Texte. An diesem Sonntagnachmittag war auch ich nur ein Gast – ein glücklicher Gast. Die junge Witwe habe ich sehr bewundert.

Querflöte ...

Es war ein wunderschöner Vorfrühlingstag mit azurblauem Himmel, Vogelgezwitscher und lauem Wind. Die ersten Schneeglöckchen, Krokusse und Primeln reckten ihre bunten Köpfchen der Sonne entgegen – ein Tag, an dem man ahnen konnte, was sich alles Neues regt in der Erde und worauf man sich einfach freuen musste. Zwischen all die Glücksgefühle mischte sich ein bisschen Wehmut, als ich das Haus betrat und die Decke des Klaviers abnahm.

Eine fürsorgliche Ehefrau schob ihren Mann zu mir. Nach meinem ersten Lied fragte ich nach der richtigen Lautstärke. Der Patient bat mich, einfach weiterzuspielen und sagte: „Spielen Sie! Musik ist die Tür zum Herzen – zu meinem, zu Ihrem und zu dem meiner Frau!"

Ich war sehr gerührt von diesem Satz. Die Ehefrau bat mich um Volkslieder – sie wollte einfach ein paar Melodien hören. Nach den ersten Takten von „Am Brunnen vor dem Tore" erklang hinter mir die glockenreine Stimme dieser Frau. „Noch eine Strophe," bat sie und sang an der Seite ihres Mannes die Lieder so professionell, dass es eine wahre Freude war. Irgendwann waren beide verschwunden, aber viel später kam die „Sängerin" zurück und bedankte sich für die schöne Stunde. Sie erwähnte kurz, dass ihr Mann früher Querflöte, Klavier und Orgel gespielt habe, viel von Musik verstünde, aber durch einen Unfall seine rechte Hand verloren hätte. Darauf konnte ich nichts sagen.

Geburtstag

Es war ein wunderschöner Herbsttag mit blauem Himmel und zauberhaftem Licht. Ein Windhauch ließ langsam goldene Blätter vom Himmel fallen. Die ganze Umgebung, die Bäume, die Wiesen, die verschiedenen Gewässer gaben so eine harmonische Kulisse ab, dass ich innehielt, bevor ich in den Innenhof ging.
Warum ich gerade heute und jetzt in dieser Stunde ins Hospiz gehen musste, wurde mir bei meinem Eintreffen klar. Ein Patient, der nur noch Stunden zu leben hatte, feierte seinen 69. Geburtstag. Die ganze Familie war in seinem Zimmer versammelt und das Personal wollte gemeinsam ein Geburtstagslied singen. Sie hatten schon ihre Notenblätter in der Hand. Dann kam ich an und alle freuten sich auf eine Begleitung am Klavier. Es sollte die Nummer 36 eines Heftes sein und ich hatte das Glück, es auf Anhieb spielen zu können. Wahrscheinlich sollte alles so sein an diesem Tag. Zehn Menschen, Schwestern, Pfleger, Arzt, Pfarrer gingen gemeinsam in das Zimmer zur Familie und dem Patienten. Ich wurde mit dem Klavier vor die offene Tür platziert und dann sangen alle drei Strophen dieses wunderschönen Liedes. Ich kam mir vor, als hätte ich heute Geburtstag. Ich denke, dass dieses Lied den Mann in sein großes Licht begleitet hat, das er in ein paar Stunden sehen würde.
Anschließend wurde der Kranke wieder ins Wohnzimmer gefahren. Ein paar Schwestern, zwei Hospizhelfer und einige Besucher sangen noch eine Stunde lang miteinander Heimat- und Volkslieder. Da wurde mir klar, warum ich gerade heute kommen musste.

Oma – das lebenslange Schutzengerl

Ein kleines Mädchen wurde von einer Schwester ins Wohnzimmer zu einem großen Stuhl geführt. Michaela hieß sie und war neun Jahre alt. Die Oma war vor ein paar Minuten gestorben und ihre drei erwachsenen Kinder nahmen im Krankenzimmer Abschied von ihrer Mutter. Michaela war ganz still und weinte ein bisschen. Ich fragte sie, ob sie der Oma ein Liedchen spielen wolle. Voller Vertrauen setzte sich das fremde Kind auf meine Knie und ließ sich im Arm halten. Wir redeten über Omas und waren uns einig, dass man Omas gernhaben musste. Dabei wanderten meine Gedanken zu meiner eigenen Oma-Geschichte, die ich vor ein paar Monaten meiner siebenjährigen Enkelin erzählt hatte. Sie sollte einmal nicht so schrecklich traurig sein, wenn es mich nicht mehr gäbe. Die tote Oma läge zwar jetzt noch in ihrem Krankenbett, hätte keine Schmerzen mehr, aber ihre Seele und alles, was man an ihr liebgehabt hätte, schwebte jetzt schon über uns im Raum und würde dem Schutzengel helfen, auf uns aufzupassen.
Michaela übernahm diese Vorstellung sofort und konnte sich beruhigen. Der Papa, Onkel und Tante kamen irgendwann zu uns an das Klavier und Michaela erzählte ihnen sofort meine Schutzengelgeschichte. Ich selbst war glücklich darüber, dass ich einem Kind in seinem Schmerz helfen konnte.

Kommen und Gehen

Vom Urenkel mit drei Monaten bis zur Uroma mit 92 Jahren war alles um den großen Wohnzimmertisch versammelt, um für den vor ein paar Tagen verstorbenen Uropa den Eintrag in das Abschiedsalbum und noch einige Dinge für die Bestattung zu gestalten. Es war ein ganz besonderes Erlebnis für mich, eine so große Familie bei ihrer Trauer zu erleben. Mit leiser Musik durfte ich dabei untermalen – ich empfand Freude dabei und bemühte mich ganz besonders. Das kleine Menschlein, das anfangs ruhig in einem Tragekörbchen schlief und irgendwann aufwachte, wanderte von Arm zu Arm in der großen Runde und fühlte sich offensichtlich recht wohl dabei. Ganz bewusst ist mir bei diesem Anblick geworden, wie nahe im Leben Kommen und Gehen nebeneinander stattfinden. Der Strom des Lebens hat mich an Licht und Schatten, an Tag und Nacht, an Wärme und Kälte erinnert.

Trauerarbeit

Einen Mann hatte ich schon drei Sonntage hintereinander erlebt, als er mit seinem Hund das Hospiz betrat. Der Hund war eine Mischung aus einer Mama und vielen Vätern, mit einem umwerfenden Blick. Es war Sommer und die Terrassentür stand weit auf. Im Park gingen viele Menschen spazieren, Kinderstimmen und Hundegebell waren zu hören. Der Mann befahl seinem treuen Begleiter, der schon 10 Jahre zur Familie gehörte, „Platz!" Der Hund saß still wie ein Denkmal, stumm und ohne Regung, konzentriert auf der Terrasse – immer den Blick in das Zimmer gerichtet, durch das sein „Herrle" gegangen war. Am 3. Sonntag kam der Mann auch wieder zurück zu seinem treuen Freund, kniete neben ihn nieder auf den Boden, umarmte ihn und weinte laut und hemmungslos in das Fell. „Jetzt sind wir beide alleine, du und ich, jetzt habe ich nur noch dich", hörte ich den fassungslosen Mann laut klagen. „Nur du kannst mir jetzt helfen!" Diese Art einer beginnenden Trauerarbeit hat mich unendlich berührt und ich werde diesen Anblick der beiden nie mehr vergessen, die sich so aneinander festgehalten haben.

Es waren zwei Königskinder

An einem strahlend schönen Frühlingssonntag besuchten mich an meiner „Arbeitsstätte", dem Klavier auf der Palliativstation, zwei alte Freunde. Sie wollten einfach einmal nachsehen, wo ihre kleine Geldspende gelandet war. Sicher vertrauten mir alle Menschen, die ich mit meinem Anliegen konfrontierte. Aber einige wollten dann doch gerne auch einmal richtig hinschauen und besuchten mich. Jedesmal spielte ich dann zum Dank ein kleines Lied und freute mich über den Besuch. An diesem Frühlingssonntag kamen also die beiden Freunde aus den Bergen zu mir. Einer der beiden Männer singt seit Jahren in einem größeren Kirchenchor, er hat eine kräftige Stimme und singt aus vollem Herzen. Ich bat ihn, doch einmal für die Patienten und Angehörigen der Station zu singen. Im Nu fanden sich im Aufenthaltsraum einige Zuhörer ein, auch eine junge Krankenschwester, die von dem kleinen Konzert angelockt wurde. Die beiden Sänger taten sich zusammen, suchten in meinen Noten ein Lied und sangen gemeinsam die schöne alte Volksweise „Es waren zwei Königskinder". Viele Strophen lang und bis zum traurigen Ende des Textes klang die Melodie durch die Station und erfreute alle Zuhörer, die Kranken und die Gesunden. Noch Wochen später wurde ich von der jungen Krankenschwester nach dem Sänger gefragt, wann er denn endlich einmal wiederkommen würde.

Das Alte Klavier

Eine Patientin erzählte mir die Geschichte ihres eigenen Klaviers. Als Kind habe sie zu lernen angefangen und auch viel Freude daran gehabt. In einer der Münchner Bombennächte nahm dieses Klavier sehr großen Schaden. Eine Luftmine zerstörte fast die gesamte Einrichtung. Die beschädigten Einzelteile dieses wertvollen Familienstückes überdauerten die langwierigen Aufräumarbeiten nach dem Krieg. Mit großem finanziellem Aufwand wurde das Instrument wieder bespielbar gemacht – zur Freude der Familienmitglieder. Mit Wehmut berichtete die Patientin, dass ihre Finger jetzt nicht mehr dazu in der Lage seien, auf dem Klavier zu spielen. Jetzt höre sie gerne durch das Telefon ihren kleinen Enkeln zu und auch mir. Ich kann mir gut vorstellen, wie neue Generationen an diesem „wiederbelebten" Klavier üben und spielen werden – mit mehr oder weniger Freude.

Wo Worte fehlen

Im Sozialministerium in München fand eine Ausstellung statt. Die Kunsttherapeutin des Hospiz hatte mich eingeladen, die Ausstellung zu besuchen. Unter dem Titel „Wo Worte fehlen" wurden dort Zeichnungen, Aquarelle und Farbkompositionen gezeigt, die schwerkranke Patienten in den letzten Wochen oder Tagen vor ihrem Tod angefertigt hatten. Viele Besucher hielten sich in der großen Halle auf und die Atmosphäre, die ich dort empfand, glich eher der feierlichen Einweihung eines Gotteshauses, als der einer Ausstellung. Die Besucher standen wortlos und lange Zeit vor den einzelnen Werken. Es waren hauchzarte, starke und auch düstere Farben zu sehen und so viele unterschiedliche Motive, dass meine Gedanken Zeit und Raum vergaßen. Wolken, Wasser, Bäume, Blumen, Sonne, Schiffe, Lichter – fast keine Menschen oder Gesichter, keine Texte. Wo waren diese Maler, als sie zum Pinsel oder Stift gegriffen hatten? Ein großes Geheimnis schwebte im Raum. Sicher war ich nicht allein mit diesen Gedanken oder Gefühlen.

Die Weihnachtskiste

Es war der zweite Adventssonntag. Schneematsch lag auf der Strasse, überall waren große und kleine Weihnachtsbäume zu sehen, weihnachtliche Stimmung zu spüren. Auch im Hospiz ist die für Ikebana-Gestecke das ganze Jahr über tätige Blumenschwester schon aktiv als heimliches Engerl beschäftigt gewesen und hatte zauberhafte Kreationen in die Gänge und Räume gestellt. Heute wollte ich ein paar Weihnachtslieder spielen. Eine Schwester bat mich, das Klavier in ein Krankenzimmer zu schieben, um ein wenig vorweihnachtliche Stimmung dorthin zu bringen. Ein Mann saß am Bett seiner kranken Frau und hielt stumm ihre Hände. Leise summte er mit, sprach aber kein Wort. Nach einer Weile befand ich mich wieder im Wohnzimmer und hatte andere Zuhörer.

Kurz bevor ich an diesem Tag nach Hause fahren wollte, besuchte mich noch der Ehemann der Patientin. Er erzählte mir mit feuchten Augen, dass er heuer zum erstenmal seit seiner Heirat an Weihnachten ein leeres Haus vorfände. Es fehle ihm nicht nur seine geliebte Frau, sondern auch die weihnachtliche Stimmung in seinem Umfeld. Im Speicher des alten Hauses stand seit vielen Jahren noch die alte Weihnachtskiste der Großmutter der Patientin. Und all die Jahre setzte die Frau die Familientradition fort und verwandelte das Haus mit allerlei Kostbarkeiten aus der Weihnachtskiste in ein kleines Weihnachtsmärchen. Sie hatten keine Kinder. Nun würde er alleine und traurig in diesem Haus sitzen. Ob ich das verstehen könne, fragte er. Und ob ich das verstand! Ich sagte ihm, dass es sicher gut wäre, in der alten Kiste ein paar Dinge auszugraben, die ihm immer gut gefallen hätten und sie aufzustellen oder aufzuhängen. Sicher würde das auch seine Frau freuen, wenn sie wieder nach Hause käme. Diesen Gedanken nahm er liebevoll an – vielleicht konnte ich ein bisschen Zuversicht vermitteln.

Wien, Wien nur du allein

Ein junges Mädchen kam scheu in meine Nähe und schaute mir beim Klavierspielen zu. Nach einer Weile ging sie vorsichtig aus sich heraus und sagte mir, dass sie Katharina heiße und seit einem halben Jahr ein Keyboard besitze. Ganz allein wolle sie spielen lernen. Sie war elf Jahre alt. Singen möchte und könne sie aber nicht, sagte sie. „Darf ich mir deine Noten anschauen?" fragte sie etwas verlegen. Ganz versunken tat sie das dann auch. Plötzlich strahlte sie mich an. „Wien, Wien, nur du allein", hielt sie mir unter die Nase. „Kannst du das spielen?" fragte Katharina. Es war das Lieblingslied ihres Opas. Der Opa war sehr krank und lag im Bett seines Krankenzimmers. Katharina ging schnell zum Krankenzimmer, öffnete die Tür ganz weit und flüsterte ihrem Opa ins Ohr, dass er gleich sein Lieblingslied hören würde. Dann kam sie zu mir zurück und bat mich, das Lied etwas lauter zu spielen, damit der Opa es auch wirklich hören könne. Gerne habe ich diesen Wunsch erfüllt und es war schön für mich, Katharina so glücklich zu sehen.

Trauriger Rest im Kofferraum

Am Parkplatz kam ich gerade mit meinem Notenpack an. Im Auto vor mir wühlte ein Mann im Kofferraum herum. Ich kannte ihn. Wir waren uns bereits vergangenes Wochenende begegnet. Der Mann hielt sich mit beiden Händen plötzlich an meiner Hand fest. Er weinte und berichtete mir, dass seine Frau vor ein paar Stunden ihren Kampf gegen eine schwere Krankheit verloren hätte. Von häuslicher Pflege hörte ich, die an die Grenzen der eigenen Belastbarkeit gegangen wäre, von immer wiederkehrenden Hoffnungen, von vorübergehenden Hochgefühlen, von Tiefschlägen bis hin zur Verzweiflung. Ein halb fertiges Haus würde jetzt von zerplatzten Lebensträumen übrigbleiben, meinte er. Was für wunderschöne Zukunftspläne sie gehabt hätten! Wie sollte es jetzt weitergehen? Nachdenklich schaute ich in den offenen Kofferraum. Ein paar Taschen standen da, ein paar Kleidungstücke – und obenauf saß ein großer Teddybär.

Das Gefäß oder der schöne Krug

Der Seelsorger im Hospiz ist für mich zu einer starken Quelle für Vertrauen und Lebensweisheit geworden. Manchmal habe ich das Gefühl, während des kurzen Händedrucks bei der Begrüßung sogar neue Kraft für mich zu spüren. Er malte mir einmal sinnbildlich ein wunderschönes Bild vor Augen, das ich nie mehr vergessen kann. Wir sollten uns die Menschen als schöne, große Krüge oder als antike Gefäße vorstellen, in denen sich im Laufe des Lebens kostbare Dinge ansammeln. Jeder Einzelne sollte versuchen, so ein Gefäß zu werden, so dass am Ende unseres Erdendaseins eine Schatztruhe vorhanden sei. Natürlich lässt sich im Laufe eines Lebens nicht nur Schönes oder Kostbares einsammeln, sondern oft auch unnötiger Ballast. Dann müsste unser Gefäß von Zeit zu Zeit entrümpelt werden, damit für die echten Kostbarkeiten wieder Platz geschaffen werden kann. Viele Menschen können oder wollen aber einfach nicht entrümpeln, tragen viel unnötigen und schmerzhaften Ballast in ihren schönen Krügen herum. Das Schöne ist dann oft verschüttet. Mit dieser Vorstellung kann ich gut leben, ich möchte ein harmonisch gefüllter Krug sein, der mein eigenes Schatzkästlein ist.

Das Engerl oder die kleine starke Frau

Mir selbst wurde eine Enkeltochter geschenkt – die Freude war riesengroß. Aber sehr rasch stellten sich Schwierigkeiten ein, die die Freude umgehend in einer tiefen Sorge untergehen ließ. Vielerlei medizinische Prozeduren, viele Fragezeichen begleiteten dieses winzige Leben. Die jungen Eltern, die Großeltern – alle waren hilflos, aber voller Hoffnung. Ich selbst war einfach nur traurig und oft voller Zweifel. Der liebenswerte Krankenhausseelsorger wusste um meine Gedanken. Er blickte einfach nur zum Himmel und meinte: „Der da oben weiß, ob dieses Kind ein Engerl oder eine kleine, starke Frau werden wird. Nur Er weiß es!" Fast ein Jahr ging das so. Und jeden Sonntag traf mich die Frage nach dem Engerl oder der kleinen, starken Frau. Getröstet oder gestärkt fühlte ich mich eigentlich immer wieder. Dann gab es nach vielen Kurven endlich keine Sonden, Isolationen, Krankenhäuser mehr und die Natur hat ihre unglaubliche Kraft gezeigt. Ein Stein fiel mir vom Herzen und die Freude kehrte zurück. Seit dieser Zeit werde ich jeden Sonntag gefragt: „Was macht die kleine, starke Frau?", und ich bin dankbar und glücklich. Sicher wird daraus auch später eine große, starke Frau, weil sie anfänglich so um ihr Leben kämpfen musste.

Wie gebadet heute

„Seit Monaten kann ich nicht mehr weinen, obwohl alles um mich herum trostlos und traurig ist", das sagte eine junge Frau zu mir am Klavier und hielt sich an meiner Hand fest. Gestern war hier in diesem Haus ihr Freund gestorben und sie suchte nach einem Text für das Abschiedsbuch. Leer sei der Kopf, müde der Körper, seufzte sie. Sehr groß stand diese Frau vor mir, aber ihre Schultern hingen nach vorne, der Kopf war gebeugt – und sie hielt immer noch meine Hand fest. Unwillkürlich dachte ich an eine verwelkte Sonnenblume mit hängender, schwerer Blüte. Es lag eine geheimnisvolle Stille in dieser wortkargen Begegnung. Ich selbst konnte nur meine Hand überlassen, die so sehr festgehalten wurde, und warten. Urplötzlich brach wohl in dieser jungen Frau ein Damm und viele, viele Tränen strömten über ihr Gesicht. Ungeweinte Tränen der vergangenen Monate fanden den Weg aus einer schmerzlichen Blockade. Unsere Hände lösten sich und waren für längere Zeit mit Taschentüchern beschäftigt. Es war für mich eine ganz besondere Begegnung. Die junge Frau richtete sich zu ihrer ganzen Größe auf, der Kopf und die Schultern nahmen wieder ihren richtigen Platz ein und vor mir stand eine Sonnenblume mit dem Blick nach oben. „Jetzt fühle ich mich wie heute gebadet", sagte sie zu mir, und beim Abschied winkten wir einander zu.

Hänschen klein, Alle meine Entchen

Immer wieder bringen Angehörige der Patienten auch sehr kleine Kinder mit. Es ist erstaunlich, weil die Musik Hemmschwellen abbauen kann. Eine fremde Oma bekommt plötzlich Antworten auf Fragen, ein Sitzplatz auf einem unbekannten Knie wird angenommen und voller Vertrauen bekomme ich einen kleinen Zeigefinger entgegengestreckt um „Hänschen Klein" oder „Alle meine Entchen" zu spielen. „Noch mal, noch mal", höre ich immer wieder. So manchem kranken Opa oder Oma konnten wir solche Lieder schenken. Die Freude darüber ist bei allen Angehörigen und Zuhörern zu spüren und sicher ist schon oft ein solches Lied mitgenommen worden in das große Licht der Ewigkeit.

Das Bohnenspiel

Rituale spielen und spielten immer schon in meinem Leben eine Rolle. Meistens konnte ich mir dabei optisch etwas vorstellen, mich darüber freuen und auch an Freunde weitergeben. So erlebte ich vor Jahren auch das „Bohnenspiel". Es war bei einem Wochenendseminar für Krebspatienten und sonstigen vom Schicksal gebeutelten Menschen aller Altersstufen – Männlein und Weiblein durcheinander.

Einer davon verteilte an jeden von uns eine Handvoll getrocknete Bohnenkerne. Er selbst zeigte uns allen auch seine Bohnenkerne, die er in der linken Hosentasche stecken hatte. „Wenn ich eine Freude erlebe", sagte er, „gebe ich einen meiner Kerne in die rechte Hosentasche. Wenn ich eine Freundlichkeit erfahre oder an einem besonderen Geschehen teilnehmen darf, wenn ich besonderes Glück an diesem Tag erlebe, dann wechsele ich wieder eine Bohne von der linken in die rechte Hosentasche. Am Abend zähle ich sie, erinnere mich der mir an diesem Tage geschenkten kleinen Erlebnisse, kann dafür danken, mich auf den nächsten Tag freuen, dem ich vielleicht nun und immer etwas mehr Aufmerksamkeit schenke, ihn gespannter erwarte, was alles an Positivem wieder auf mich zukommen wird. Im Augenblick wandert eine meiner Bohnen nach rechts, weil ich Eure Freude spüren darf." Wir alle hüteten in den nächsten Stunden unsere Bohnenkerne – immer wieder wanderten einige davon von links nach rechts. Es hat nicht nur mich stark beeindruckt.

Das kleine Gotteshaus – oder eine Begegnung mit mir selbst

Es war ein strahlender Herbsttag Ende Oktober in Südtirol. Der blitzblaue Himmel wölbte sich wolkenlos über die zauberhaft schöne Landschaft und die Bergspitzen ragten wie leicht überzuckert himmelwärts. Sanft wehte ein leiser Wind über das grüne Land und wir einsamen Wanderer fühlten uns reich beschenkt vom Lieben Gott persönlich. In weiter Ferne konnten wir das Ortler-Massiv sehen und die Weite des Himmels erschien uns grenzenlos. Voller Freude und Dankbarkeit, fast Demut, nahm ich dieses Geschenk an und wünschte mir, man sollte solche Augenblicke festhalten können. Auf dem einsamen Höhenweg kamen wir zu einer uralten kleinen Kapelle, deren Mauern Risse zeigten, überall fehlte schon der Putz und die wenigen steinernen Eingangsstufen waren durchgetreten und schief. Das alte Gotteshaus beeindruckte mich – es war wie ein Magnet für mich. Die verwitterte Holztür mit dem eisernen Beschlag ließ sich öffnen. Im Inneren war es dunkel und kühl. Zwei winzige, blinde und mit vielen Spinnennetzen umgebene Fensterchen gaben nur ein wenig Licht. Auch an den Innenwänden bröckelte der Putz. Meine Augen gewöhnten sich nur langsam von der gleißenden Helle draußen an die spärliche Lichtquelle im Inneren. Es dauerte. Plötzlich entdeckte ich Buchstaben an der Wand. Sie waren ungenau und verwittert, aber ich wollte mehr sehen und vielleicht verstehen. Ein großes, sehr verschnörkeltes „W" konnte ich erkennen. Fast bohrte ich meinen Blick in das alte Gemäuer und wurde ganz mühsam und langsam fündig. „Wenn du jemand magst", konnte ich nach längerer Zeit lesen. Dann folgte ein langer Gedankenstrich – „sag es ihm doch", konnte ich dann entziffern. Uralt war diese Freskenschrift. Wie einfach waren diese Worte. Alle W-Wörter gingen mir plötzlich durch den Kopf: WER hat das WANN dorthin geschrieben und WARUM? WAS war das für ein Mensch, WIE hat er ausgesehen, WAS hatte er für eine Kleidung an und an WEN dachte er WARUM, als er das in die kleine Kirche schrieb?

Meine Freunde saßen vor der Kapelle auf den schiefen Steinen in der wärmenden Sonne und hörten meinen kleinen Bericht. Keiner wunderte sich mehr über mein langes Ausbleiben, aber alle waren sich der tiefen Bedeutung dieser einfachen Worte bewusst.

Ich selbst habe diesen Satz inzwischen oft benutzt und seine Wirkung gespürt. Und den wunderschönen Südtiroler Urlaubstag mit der Begegnung mit mir selbst werde ich nie mehr vergessen.

Letzte Tränen

Ein Pfleger erzählte mir kurz von einem Patienten, der vor ein paar Wochen bei mir zuhörte. Der Patient schien schon weit weg zu sein, er machte kaum noch die Augen auf, sprach nicht mehr und wies alle Zuwendungen mürrisch von sich. An einem Sonntagnachmittag wurde das Bett mit diesem Patienten in die Nähe des Klaviers geschoben. Draußen im Park war der Vorfrühling zu sehen und zu spüren. Blauer Himmel wölbte sich über alte Bäume, die sich leise im Wind bewegten. Den Tag empfand ich wie den Aufbruch in ein neues, helles Jahr mit Wärme, Farben und allerlei bunten Überraschungen. Ich spielte wie immer mein kleines Repertoire und war harmonisch und voller Freude. Am nächsten Sonntag kam ich wieder. Eine Schwester erzählte mir, dass ich diesen besagten Patienten am letzten Sonntag durch meine Lieder erreicht hätte. Kurz nach meinem Weggang seien damals Tränen über die Wangen des Mannes gelaufen, stumm hätte er die Augen geöffnet, alle Menschen und ganz intensiv die Natur draußen vor dem Fenster angeschaut. Ganz friedlich und ruhig hätte er sich von dieser Welt verabschiedet – das war ein besonders kostbares Geschenk für mich.

Der letzte Brief

Der Ehemann einer schwerkranken Patientin kam zu mir an das Klavier und sprach ein paar Worte mit mir. Ich hatte ihn eine Woche vorher schon einmal gesehen und jetzt erzählte er mir, dass seine Frau nicht mehr sprechen würde. Aber Musik höre sie noch, gewisse Zeichen würden ihm das sagen. Dieser mir fremde Mann fragte mich, ob er seiner Frau noch einen Brief schreiben solle über das lange gemeinsame Leben. Dieser Gedanke hat mich sehr überrascht und ich sagte ihm, dass ich das gut fände, denn sicher würde das auch ihm helfen. Eine Woche später kam dieser Mann wieder an mein Klavier und gab mir einen Brief. „Bitte lesen Sie", meinte er. Ich wusste nicht so recht, wie ich mit dieser Situation umgehen sollte und zögerte. Der Mann setzte sich und bestand auf seiner Bitte. Ein langer, handgeschriebener Brief lag in meiner Hand, eine klare Schrift war zu sehen und die Formulierung des Textes trieb mir augenblicklich die Tränen in die Augen. Was alles sagte dieser Ehemann noch so liebevoll in das Ohr seiner todkranken Frau! Vielleicht konnte er das alles nicht, oder fast nicht, im langen gemeinsamen Ehealltag. Ich selbst bedankte mich für das große Vertrauen und hoffte für alle, dass das Unterbewusstsein dieser Frau dieses wunderschöne Geschenk noch aufnehmen konnte.

Das erste und letzte Lied

Ein liebenswürdiger Patient kam zu mir an das Klavier und meinte, er würde sich gerne etwas von mir wünschen. Ich fragte ihn, was er denn gerne hören möchte. „Das erste und letzte Lied meines Lebens", antwortete der Mann. Mein Können ist ja nun nicht so groß, dass ich jeden Wunsch erfüllen könnte, aber diesmal konnte ich es. Das erste Lied seines Lebens war „Alle meine Entchen", das er immer mit der Mutter sang. Es hat mich sehr berührt und ich musste es dreimal spielen. Das letzte Lied war die „Toselli-Serenade", die er auch schon lange in seinem letzten Willen festgelegt hatte. Auch diesen Wunsch konnte ich erfüllen und freute mich darüber. Der Patient sagte kurz „Danke" und ging fort. Ein bisschen nachdenklich blieb ich zurück. Nach etwa einer Stunde kam eine Schwester zu mir. Sie trug ein kleines Tablett. Darauf standen zwei Schälchen mit Eis. Der Patient kam wieder zu mir zurück, bedankte sich fast überschwänglich für seine beiden Lieder und lud mich zu einer Eiskugel ein. Glücklich saßen wir nebeneinander und löffelten Eis. In dieser zwischenzeitlichen Stunde gingen diesem Patienten sicher viele Gedanken im Kopf herum.

Engelflügel

Das Pflegepersonal in diesem Haus setzt sich meines Erachtens aus ganz besonderen Menschen zusammen. Seit Jahren bewundere ich diese Menschen mit ihrer schweren Aufgabe. Wie viel Kraft muss man haben, um solchen Aufgaben gerecht zu werden? Eines Sonntagabends versammelten sich die Schwestern zum Abendessen um den großen Tisch. Meine Gedanken purzelten aus meinem Mund und ich meinte: „Ihr müsst eigentlich echte Engel sein und euch wachsen sicher schon bald Flügel." Sie lachten mich wegen meiner optischen Vorstellung aus und forderten mich auf, zu kommen und zu fühlen, ob irgendwo Ansätze von Flügeln zu spüren seien. Ich fühlte bei einigen Schwestern nach und hatte trotz der allgemeinen Belustigung das untrügliche Gefühl, dass... sie waren zwar noch klein, aber vorhanden! Wahrscheinlich sind es Büstenhalterverschlüsse oder -träger gewesen oder aber auch magere Schulterblätter bei ganz schlanken Engerln. Und meine eigenen Vorstellungen haben sich bis heute nicht geändert: Engel gibt es wirklich!

Ich bin ich

Auf der ganzen Welt gibt es niemanden wie mich.
Es gibt Menschen, die mir in manchem gleichen,
aber niemand gleicht mir aufs Haar.
Deshalb ist alles, was von mir kommt, mein Eigenes,
weil ich mich dazu entschlossen habe.
Alles, was mit mir zu tun hat, gehört zu mir.
Mein Körper, mit allem was er tut,
mein Kopf, mit allen Gedanken und Ideen,
meine Augen, mit allen Bildern, die sie erblicken,
meine Gefühle, gleich welcher Art –
Ärger, Freude, Frustration, Liebe, Enttäuschung, Begeisterung.
Mein Mund und alle Worte, die aus ihm kommen,
höflich, lieb oder schroff, richtig oder falsch.
Meine Stimme, laut oder leise,
und alles, was ich mir selbst oder anderen tue.
Mir gehören meine Phantasien,
meine Träume, meine Hoffnungen, meine Befürchtungen,
mir gehören all meine Siege und Erfolge
und all meine Niederlagen und Fehler.
Weil ich mir ganz gehöre,
kann ich mich näher mit mir vertraut machen.
Dadurch kann ich mich lieben
Und alles, was zu mir gehört, freundlich betrachten.
Damit ist es mir möglich,
mich voll zu entfalten.
Ich weiß, dass es einiges an mir gibt,
das mich verwirrt und manches
das ich noch gar nicht kenne.
Aber so lange ich freundlich und liebevoll mit mir umgehe,
kann ich mutig und hoffnungsvoll
nach Lösungen für Unklarheiten schauen und Wege suchen,
mehr über mich selbst zu erfahren.

Wie auch immer ich aussehe und mich anhöre,
was ich sage und tue,
was ich denke und fühle,
immer bin ich es.
Es hat seine Berechtigung,
weil es ein Ausdruck dessen ist,
wie es mir im Moment gerade geht.
Wenn ich später zurückschaue,
wie ich ausgesehen und mich angehört habe,
was ich gesagt und getan habe,
wie ich gedacht und gefühlt habe,
kann es sein,
dass sich einiges davon als unpassend herausstellt.
Ich kann das, was unpassend ist, ablegen
und das, was sich als passend erwiesen hat, beibehalten
und etwas Neues erfinden für das, was ich abgelegt habe.
Ich kann sehen, hören, fühlen, denken, sprechen und handeln.
Ich besitze die Werkzeuge, die ich zum Überleben brauche,
mit denen ich Nähe zu anderen herstellen
und mich schöpferisch ausdrücken kann
und die mir helfen,
einen Sinn und eine Ordnung
in der Welt der Menschen und der Dinge um mich herum zu finden.
Ich gehöre mir
und deshalb kann ich aus mir etwas machen.
Ich bin ich
und so wie ich bin, bin ich ganz in Ordnung.

Dr. Virginia Satir
Familientherapeutin

Leider war es uns nicht möglich, für den Abdruck des Textes die Rechtsinhaber zu ermitteln.
Die Rechte der Autoren, Verlage und Rechtsnachfolger bleiben gewahrt.

Danke!

Danken möchte ich vor allem meinen lieben Freunden, die mir mit seelischen Streicheleinheiten, mit kleinen und größeren Geldspenden und mit Vertrauen geholfen und dazu beigetragen haben, diese neuen *Begegnungen im Hospiz* zu veröffentlichen.
Ich danke auch all den Patienten, Angehörigen und dem Pflegepersonal der Palliativstationen der Kreisklinik Fürstenfeldbruck, des Krankenhauses Barmherzige Brüder und des Johannes-Hospiz für all diese Begegnungen und für die Erlaubnis zum Veröffentlichen „ihrer" Geschichten.

Nur mit geschenktem, gegenseitigem Vertrauen sind wir Menschen dazu fähig, unseren Weg in Würde bis zum Ende zu gehen.

Der Erlös aus dem Verkauf des Buches kommt der Selbsthilfegruppenarbeit der Bayerischen Krebsgesellschaft e.V. zugute.

Sie können das Buch bestellen bei:

    Bayerische Krebsgesellschaft e.V.
    Nymphenburger Straße 21a
    80335 München
    Tel. 089/54 88 40-0
    Fax 089/54 88 40 40
    www.bayerische-krebsgesellschaft.de
    info@bayerische-krebsgesellschaft.de

Sollten Sie die Selbsthilfegruppenarbeit darüber hinaus mit einer Spende unterstützen wollen, können Sie Ihre Spende direkt überweisen an:

    Bayerische Krebsgesellschaft e.V.
    Stichwort: Begegnungen im Hospiz
    Spendenkonto 212 47 74
    Commerzbank München, BLZ 700 400 41

Bei Spenden über 100 Euro erhalten Sie von uns automatisch eine Zuwendungsbestätigung zur Vorlage beim Finanzamt. Bei Spenden unter 100 Euro gilt der Zahlungsbeleg als Zuwendungsbestätigung. Bitte vergessen Sie nicht, Ihre Adresse anzugeben.